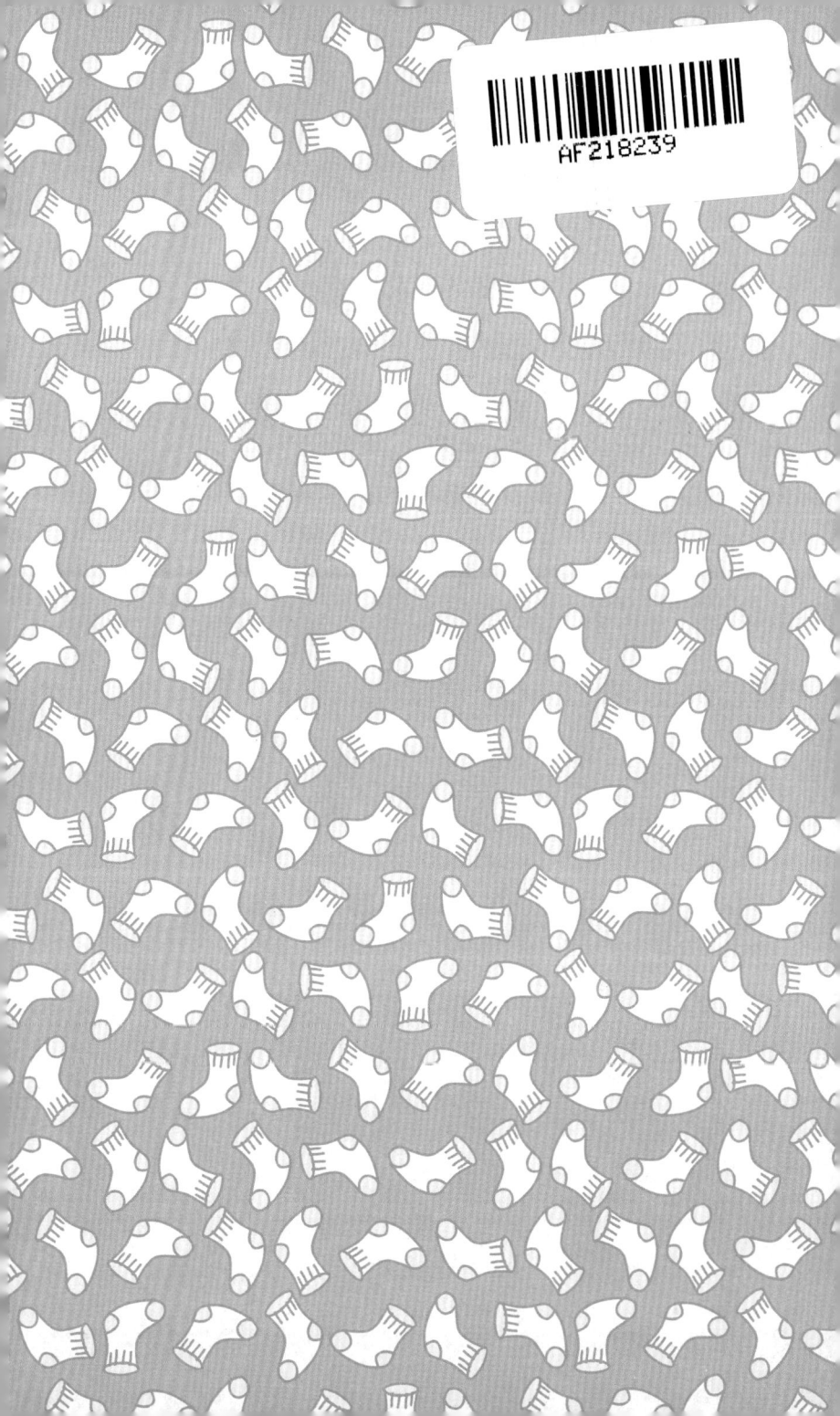

algar

COLECCIÓN CALCETÍN

Últimos títulos publicados en Calcetín Amarillo +8

157. *El refugio de los versos*. Beatriz Berrocal / Roser Argemí
167. *Los viajes de Gulliver*. Jonathan Swift. Adaptación de Teresa Broseta / Miguel Á. Giner Bou
170. *Catastróficamente bruja*. Raquel Míguez / Mar Blanco
173. *Sirenas, vikingos, ballenas… y una escalera*. Carmela Trujillo / Pam López
175. *Peter Pan*. James Matthew Barrie. Adaptación de Vicente Muñoz Puelles / Lucía Serrano
176. *Cuentos de Andersen*. Hans Christian Andersen. Adaptación de Josep Franco / Valentí Gubianas
177. *¡¡¡Guilleee!!!* Francisco Díaz Valladares / Laia Ferraté
182. *Vacaciones*. Daniel Nesquens / Mai Egurza
184. *Miguel se escribe con M de merengue*. Inmaculada Díaz Benítez / Detrés
185. *Por lo menos un millón*. Elena Alonso Frayle / Javier Lacasta
190. *La misión de los fantasmas*. Isaac Palmiola / Patri de Pedro
193. *A vista de pájaro*. Teresa Broseta / Pedro Simón
194. *Los inventos del profesor Sapienti*. Lola Llatas / Calle
195. *Fede, Federica, Federico y los hilos perdidos*. Àfrica Ragel / Laia Ferraté
202. *Los misterios de Tachín*. Lucía Baquedano / Jacobo Fernández
206. *Tizas de colores*. Ximo Cerdà / Roser Argemí
209. *Una abuela hecha de versos*. M. Carmen Aznar / Anna Mongay
211. *Billy Joe y los robots comeantenas*. David Redín / Pau Valls

Existe una propuesta didáctica referida a este libro que se puede descargar de forma gratuita desde la página web de Algar www.algareditorial.com.

© M. Carmen Aznar Alcega, 2024
© Ilustraciones: Anna Mongay Monteso, 2024
© Algar Editorial
  Apartado de correos 225 – 46600 Alzira
  www.algareditorial.com
Diseño de la colección: Carles Barrios
Impresión: Guada Impressors

1.ª edición: marzo, 2024
ISBN: 978-84-9142-700-1
DL: V-461-2024

PAPEL ECOLÓGICO TCF LIBRE DE CLORO — FOTOCOPIAR LIBROS NO ES LEGAL

LIBRO AMIGO DE LOS BOSQUES
PAPEL PROCEDENTE DE FUENTES RESPONSABLES

COLECCIÓN ALCETÍN

Una abuela hecha de versos

M. Carmen Aznar

Ilustraciones de Anna Mongay

algar

Primera parte
LA ABUELA Y SUS COSAS

ROMANCE DE LA ABUELA

Su pelo es hilo de plata
y lo sabe peinar bien,
melena suelta o con moño
con adornos de papel.
Su sonrisa tiene alas
y el aroma del café.
Su mirada es como el viento
y sus caricias también.
Una mariposa luce
como un broche de perlé
que se le posa en el pecho
y va a volar otra vez.
Se perfuma con vainilla,
por eso huele a pastel
y porque es dulce mi abuela
hecha de azúcar y miel.

Nunca para, no está quieta,
siempre tiene algo que hacer,
la he visto dorar galletas
y jugar al ajedrez.
Y bailar entre las flores
y conversar con un pez,
hacer guantes de ganchillo
y, en las nubes, tomar té.
Cuenta historias, da paseos,
mis pies van junto a sus pies...
Como viviendo en un sueño
su mano no soltaré,
para viajar a su lado,
sea en barco, sea en tren,
y llegar a esas estrellas
que se arrugan en su piel.

OCTAVA REAL REALMENTE LLENA

De cosas tiene una maleta llena,
muy bien doblada una mantita rosa,
trinos de alondra y blanca la azucena,
jazmín, pimienta, alas de mariposa
y un pan recién hecho para la cena,
miga de nube blanca y vaporosa.
Con la morada luz de la lavanda
sueña equipajes y postales manda.

ACRÓSTICO DE LA ABUELA ABUELA

Abrazos de lana,
besos de estrella,
universos de flores,
enredaderas,
laberintos de harina...
abuela, abuela.

A su lado, el abrigo,
bollos de seda...
un nido de gorriones
en sus macetas,
la mejor compañía:
abuela, abuela.

Segunda parte
SU CESTA DE LANAS

SONETO DE LANA

Tejiendo mi abuela como una araña
bufandas de rayas, guantes, chaquetas...
red de abrigo para nietos y nietas,
para el agua del río y la montaña.

La cesta de mimbre es una cabaña
de lanas de color que, nunca quietas,
saltan, danzan, brincan, hacen piruetas...
van liando su irisada maraña.

Sus tejidos brillan, son como estrellas,
sobre nuestra piel, sobre la ladera,
de sus manos quedan hermosas huellas.

Ya sea en invierno o en primavera
de las lanas suaves, suaves y bellas,
con nosotros disfruta verde ribera.

16

LIRA ENREDADA

Lías, pequeño gato,
juegas con el color verde de ovillo.
¡Ahora descansa un rato
y no seas tan pillo!
Saltas y te enredas en el pasillo.

QUINTETO DE SUEÑO

Ya se asoma en el cielo, blanca, la luna
mi muñeca bosteza entre mis brazos
y a mi lado la cesta, muy oportuna,
se convierte para ella en suave cuna.
Los ovillos de lana tejen abrazos.

OCTAVILLA TEJIDA

Con sus lanas de colores
teje mi abuela una manta
y entre sus ovillos canta
con su voz de oro y de plata.

Cada trocito tejido
es como una melodía
que abriga de algarabía
a la luna hecha de nata.

Tercera parte
SU CASA

ROMANCE DE SU CASA

De par en par, generosa,
se presenta siempre abierta
la boca que abre los muros
de la casa de mi abuela
y sus ojos, que me miran,
enmarcados en madera.
Luminosa, limpia y clara,
como un reflejo de ella,
sus estancias, sus paredes,
calor de hogar me reservan.

En el centro, la cocina,
una permanente fiesta
de texturas y sabores
del desayuno a la cena.

Del baño antiguo destaca,
también antigua, bañera
y la espuma desbordante
como las nieves eternas
y el jabón y los perfumes
que dibujan su silueta.

Su habitación, con su armario
y su cama siempre hecha
con la foto del abuelo
cerca de la cabecera
y el tocador donde peina
y decora su melena.

El desván tan misterioso
me aguarda tras la escalera
y los secretos que esconde,
poco a poco, me desvela.
Entre cajas y cajones
su íntimo espacio me muestra.

El jardín es un trocito
breve de naturaleza
siempre verde y florecido
en eterna primavera.

Mi mejor lugar del mundo
es la casa de mi abuela.

LIPOGRAMA POR CARTA

Amada yaya:
la casa danza baladas acalladas,
canta nanas,
¡nanas aladas!
labra palabras,
aclama llamaradas...
La casa habla al alba, a la mañana...
¡al alma, al alma!

REDONDILLAS CON AZÚCAR

Un jilguero en la ventana
trina que canta que vuela
mientras prepara mi abuela
bollos de nata y tisana.

Se divierte la sopera,
horno, cucharas y el plato
cantan y pasan buen rato
con la mejor cocinera.

Deliciosos ingredientes,
la vainilla, la canela...
no le faltan a mi abuela
en sus galletas crujientes.

Un aroma de pan tierno,
que ha nacido en la cocina,
se espolvorea de harina
y da calor al invierno.

Mi abuela amasa y amasa,
hace pan, hace rosquillas
que en mi boca harán cosquillas
y perfumarán la casa.

SEGUIDILLAS HORNEADAS

Mi abuela emperadora
y su cocina
un palacio de fresas
naranja y lima.

Tintineo de tazas,
alegres choques,
alimentan la vida,
los corazones.

Dorando a fuego lento
tarta de tiempo,
tostando a fuego fuerte
risas y besos.

A su lado, buñuelos
y arroz con leche.
A su lado, meriendas.
¡Qué buena suerte!

La gata y su gatito
entre soperas
ronronean oliendo
pastel de crema.

COPLA REAL DEL DELANTAL

Es su traje de cocina
un hermoso delantal
cosido con tela fina
a juego con la cortina
y puntillas de coral.

Es de flores, estampado,
con un lazo y un bolsillo.
Lo usa si guisa estofado
con verduras del mercado
al aroma del tomillo.

SERVENTESIOS POLVORIENTOS

Sombras y polvo cubren el desván,
estanterías, cofres del tesoro,
cartas antiguas que aún vienen y van,
de cristal frascos que conservan oro.

Los recuerdos que viven en mil cajas,
los aromas se esconden en armarios,
descansan olvidados en tinajas,
jabón de rosas y retratos varios.

Ocho patas finas tejen su tela
en su rincón y frente a la ventana,
sobre un poemario y una novela,
leen que te leen cada mañana.

CUADERNA VÍA ESPERANDO

Sábanas blancas sueñan un baúl de madera,
se doblan en el tiempo y libres vuelan fuera,
nos traen recordatorios de antigua primavera
y esperan con paciencia otra vida, otra era.

PIE QUEBRADO FOTOGRAFIADO

Las imágenes guardadas
en su álbum de piel marrón
son guardianas
de situaciones pasadas
y lágrimas de emoción
ya lejanas.

Bodas, bailes, una plaza...
En blanco y negro y color
ella vuela...
Y ahora junto a una taza
las revisa con pudor,
dulce abuela.

DÉCIMA RECIÉN REGADA

En la mano regadera,
cubre su rostro un sombrero,
besa al jardín altanero
regalando primavera
para adentro y para afuera.

Con semillas de cuidado
queda el sustrato abonado
y florecen los rosales,
la yedra en los ventanales
y el romero desbocado.

TERCETOS MOJADOS

Hay truenos lejanos, llega tormenta,
garabatos de luz dibuja el cielo,
reciben gotas, albahaca y menta.

Llegan hasta el jardín las regaderas.
Lágrimas se esconden entre las hojas,
lloran los geranios y enredaderas.

Cortinas de agua hay en la ventana,
mi abuela y su gata observan llover...
Saluda, bien fresca, la valeriana.

Se esconden insectos en el jardín.
Están a cubierto y juntos esperan
a que la tormenta llegue a su fin.

QUINTILLA DORMIDA

Bajo las hojas de menta
sueña la gata contenta.
La abuela duerme una siesta
cuando en su hamaca se sienta.
¡Las flores celebran fiesta!

48

Valentine Cameron
1838-1904

HAIKUS NOCTURNOS

En el jardín
se detiene la noche.
Manta de estrellas.

Duermen las flores
y un lucero les canta
nanas brillantes.

Sueños al viento,
las margaritas creen
ser mariposas.

NANA ACUNADA

A la nanita nana
nana nanita
la nana de mi abuela
es la más bonita.

A la nana nanita
nanita nana
el jardín sueña dulce
hasta mañana.

A la nanita nana
nana nanita
se duermen mamá gata
y la margarita.

A la nana nanita
nanita nana
dormida está la abuela
y duerme la lana.

A la nanita nana
nana nanita
la luna, allá en el cielo,
cuna infinita.

Cuarta parte
SU RECUERDO

ROMANCE DE SU MEMORIA

Un día, sin hacer ruido,
mi abuela dejó su casa.
La dejó libre y vacía,
huérfana de su mirada
sin aroma en la cocina,
sin jilguero en la ventana.
En la repisa sartenes
y soperas, la lloraban.
Ya no cantaban los platos,
ni los vasos, ni las tazas.
Y enmudecieron ovillos
sobre su cesta de lanas
y se quedó de colores
e incompleta, la bufanda.
El desván, tranquilo y quieto,
sus estantes y sus cajas,
sus rincones polvorientos,
sus frascos de mermelada...

Se olvidaron para siempre
en aquel baúl las sábanas
y leyeron versos tristes
las patitas de la araña.
Y casi perdió su verde,
sin su sol, la valeriana.
Se secaron las raíces
del romero y de la gata
que con maullidos de pena
sus caricias añoraba.
El gatito, ya crecido,
ronroneaba su falta.
Fue en una noche de julio
con luna llena asomada
cuando se marchó mi abuela
apagando, con su marcha,
las luces que iluminaron
los senderos de mi infancia.

Este poemario lo escribió...

M. Carmen Aznar (Borja, 1979)

Es una escritora y divulgadora de literatura infantil y juvenil que vive en Zaragoza. Empezó a escribir poesía con siete años y desde entonces no ha parado de crear. Es diplomada en Enfermería y Terapia Ocupacional. En Algar también ha publicado la novela infantil *El niño al que le faltaba un tornillo*.

Y lo ilustró...

Anna Mongay (Barcelona, 1969)

Esta ilustradora ha dado forma y color a infinitud de libros de texto y de literatura infantil y juvenil. Aunque ha trabajado tanto en narrativa como en cómic, ella se considera una apasionada de la poesía, ya que le permite desarrollar al máximo toda la creatividad y la imaginación que le sugiere cada texto.

También colabora habitualmente en las revistas infantiles *Cavall Fort* y *El Tatano*.

ÍNDICE

PRIMERA PARTE. La abuela y sus cosas 7
Romance de la abuela 8
Octava real realmente llena 10
Acróstico de la abuela abuela 12
SEGUNDA PARTE. Su cesta de lanas 15
Soneto de lana 16
Lira enredada 18
Quinteto de sueño 20
Octavilla tejida 22
TERCERA PARTE. Su casa 25
Romance de su casa 26
Lipograma por carta 30
En su cocina 32
Redondillas con azúcar 32
Seguidillas horneadas 34
Copla real del delantal 36
En el desván 38
Serventesios polvorientos 38
Cuaderna vía esperando 40
Pie quebrado fotografiado 42
Su jardín 44
Décima recién regada 44
Tercetos mojados 46
Quintilla dormida 48
Haikus nocturnos 50
Nana acunada 52
CUARTA PARTE. Su recuerdo 55
Romance de su memoria 56